초등 필수 영단어를 교과서 문장, 문법과 여결!

바빠 영어 시리즈

윤미영 지음
Stephanie Yim 원어민 감수

바쁜 빠른

초등학생을 위한 영단어

Starter ①

이지스에듀

지은이 **윤미영**

경희대학교 영문학과를 졸업한 후 같은 대학에서 석사 학위를 받았습니다. 그 후 20여 년 동안 초등학생과 중고생을 위한 영어 교재를 기획하고 만드는 일을 해 왔습니다. 지학사, 디딤돌, 키출판사에서 일하며 ≪문법이 쓰기다≫, ≪단어가 읽기다≫, ≪구문이 독해다≫ 등을 집필했습니다.

취학 전 아이의 인지 능력과 언어 발달을 고려하는 것뿐만 아니라 초중고 교육과정에 맞는 학습 내용을 구성하고, 아이가 배운 내용을 자기 것으로 자연스럽게 익힐 수 있는 교재를 만들기 위해 노력해 왔습니다.

이런 생각을 담아 ≪바쁜 초등학생을 위한 빠른 영단어 Starter≫ 시리즈를 집필했습니다.

바쁜 초등학생을 위한 빠른 영단어 Starter1

초판 1쇄 발행 2022년 1월 5일
초판 3쇄 발행 2024년 6월 28일
지은이 윤미영
발행인 이지연
펴낸곳 이지스퍼블리싱(주)
출판사 등록번호 제313-2010-123호
주소 서울시 마포구 잔다리로 109 이지스 빌딩 5층(우편번호 04003)
대표전화 02-325-1722 **팩스** 02-326-1723
이지스퍼블리싱 홈페이지 www.easyspub.com **이지스에듀 카페** www.easysedu.co.kr
바빠 아지트 블로그 blog.naver.com/easyspub **인스타그램** @easys_edu
페이스북 www.facebook.com/easyspub2014 **이메일** service@easyspub.co.kr

편집장 조은미 **기획 및 책임 편집** 정지연 | 이지혜, 박지연, 김현주 **원어민 감수** Stephanie Yim **교정 교열** 이수정
삽화 한미정, 김학수 **표지 및 내지 디자인** 정우영 **조판** 책돼지 **인쇄** 제이에스프린팅 **마케팅** 박정현, 한송이, 이나리
영업 및 문의 이주동, 김요한(support@easyspub.co.kr) **독자 지원** 오경신, 박애림

ISBN 979-11-6303-322-6 64740
ISBN 979-11-6303-321-9(세트)
가격 11,000원

알찬 교육 정보도 만나고 출판사 이벤트에도 참여하세요!

1. 바빠 공부단 카페
cafe.naver.com/easyispub

2. 인스타그램
@easys_edu

3. 카카오 플러스 친구
이지스에듀 검색!

이지스에듀는 이지스퍼블리싱(주)의 교육 브랜드입니다.

(이지스에듀는 학생들을 탈락시키지 않고 모두 목적지까지 데려가는 책을 만듭니다!)

이 책을 보는 선생님과 학부모님께

초등 필수 단어를 문장, 문법과 연결!
3단계 학습법으로 단어가 기억에 더 오래 남아요!

✿ 초등 영어의 능력치를 올리는 핵심, 어휘력!

유아 영어와 초등 영어는 무엇이 다를까요? 자연스러운 '습득 (Acquisition)'에 초점을 두어 노출을 중요시하는 유아기와는 달리 초등학생은 습득뿐 아니라 의식적인 '학습(Learning)'도 가능한 시기입니다. 즉, 아이가 스스로 마음을 먹고 공부할 수 있는 단계이기도 합니다.

따라서 초등 영어를 성공으로 이끌기 위해서는 자연스러운 영어 노출 및 읽기로 영어 습득을 독려함과 동시에 스스로 목표를 세우고 성취하는 경험을 쌓게 해 주는 것이 필요합니다.

이때, 초등 영어의 능력치를 올리는 핵심은 바로 '어휘력'입니다. 어휘력이 향상되면 영어에 흥미를 갖게 되고 더 나아가 영어 읽기, 쓰기에 대한 관심으로 이어지기 때문입니다.

✿ 초등 필수 영단어와 교과서 핵심 문장, 문법이 담긴 영단어 책!

≪바쁜 초등학생을 위한 빠른 영단어 Starter≫는 교육부 권장 필수 영단어와 초등 교과서에 나오는 핵심 문장과 문법 규칙을 담고 있습니다. 영단어를 실생활 및 흥미로운 주제 12가지로 분류한 다음 초등 교과서에 나오는 문장과 문법 규칙에 연결했습니다.

단어와 문장, 문법 규칙이 다음 유닛에 꼬리에 꼬리를 물고 이어지도록 구성해, 영어를 처음 시작하는 아이도 쉽게 터득하며 지적인 재미와 성취감을 얻을 수 있습니다.

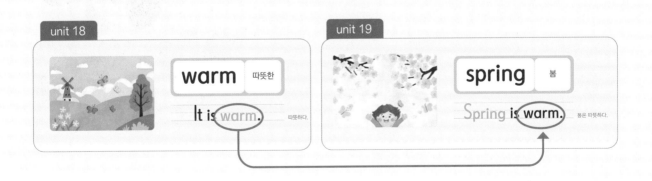

✿ 생활 속 친숙한 단어를 주제별로 모아서 배워요!

초등 저학년은 생활 속에서 쉽게 접하는 주제로 자연스럽게 단어를 연상시키는 학습이 효과적입니다. 학교, 동물, 과일, 학용품 등 친숙한 주제의 단어를 생생한 시각 자료와 결합해 반복하는 방식으로 자연스럽게 익히도록 구성했습니다.

✿ 단어와 문장을 연결해 의미 있게 배워요!

이 책은 단어들끼리 관련짓는 특징을 익히며 단어가 자주 쓰이는 문장을 연결해 의미 있게 학습합니다. 단어가 문장으로 출력(output)이 되는 생산적인(productive) 학습이라야 어휘력이 향상되기 때문입니다.

✿ 바쁜 아이들을 위해 생각했어요! — 단기 기억을 장기 기억으로 만드는 3단계 학습법

단어를 내 것으로 제대로 만들기 위해서는 여러 번 반복하는 것이 중요합니다. 이 책은 음원을 들으며 빠진 철자를 채우고, 주제별로 복습한 다음 카드 놀이로 반복하는 '3단계 학습법'으로 구성했습니다.

1단계: 음원을 들으며 빈칸 채우고 단어 익히기

이 책은 빠진 부분을 채우면 더 잘 기억하는 '생성 효과'를 적용해 설계했습니다. 음원을 듣고 단어의 빠진 철자를 채워 보세요. 또한 단어를 그림과 함께 배치해, 한 번 익히면 쉽게 잊어버리지 않는 '연상 효과'도 누릴 수 있습니다.

2단계: 주제별로 단어를 묶어서 복습하기

주제별 단어 학습이 끝날 때마다 복습 유닛이 구성되어 있습니다. 얼굴, 계절, 날씨 등의 주제별 단어를 모아서 문제를 풀어 보세요. 문제 속 틀린 단어는 다시 한번 써 보면 더 좋겠지요?

3단계: 단어 카드를 활용해 외우기

책 속 부록인 단어 카드를 활용해 보세요. 두 개의 카드 상자를 만들고 기억하고 있는 단어는 '외운 단어' 상자로, 헷갈리거나 틀린 단어는 '헷갈리는 단어' 상자로 넣으세요. '헷갈리는 단어' 상자 속 단어만 따로 반복하면 시간 낭비 없이 학습 효율을 높일 수 있습니다.

과학적인 학습 설계가 된 '바빠 영단어'로 초등 영어를 성공적으로 시작하세요!

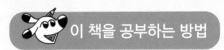
이 책을 공부하는 방법

🎧 1단계

들으며 빈칸 채우고 단어 익히기

QR코드를 찍어 원어민의 정확한 발음을 듣고 빠진 철자를 채워 보세요. 알맞은 단어를 고르고 문장을 쓰면서 문법 규칙과 연결된 영단어를 자연스럽게 체득할 수 있어요.

✏️ 2단계

복습 유닛으로 기억을 되살리기

얼굴, 몸, 계절, 날씨 등의 주제별로 배운 단어를 모아서 복습해요.

주제별로 모아서 익히면 단어의 의미가 서로 연계되어 기억력이 더 오래 지속됩니다.

헷갈리거나 틀린 단어는 연습장에 따로 써 보는 것도 좋습니다.

🏠 3단계

단어 카드로 놀면서 즐겁게 외우기

책 속 부록인 단어 카드를 오려 카드놀이를 해 보세요. 먼저, 오린 카드를 바닥에 모두 펼치세요. 카드를 뒤집으며 우리말 뜻을 말하거나 영어 단어를 말하면서 재미있게 공부해 보세요.

여러 번 반복하면 어느새 단어를 외울 수 있을 거예요.

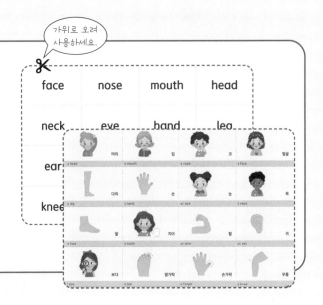

 차 례

바쁜 초등학생을 위한 빠른 영단어 Starter 1

1학년은 하루에 한 유닛씩, 2~3학년은 하루에 두 유닛씩 공부하세요!
뒷 유닛을 공부하기 전, 앞 유닛을 큰 소리로 읽어 보세요!

공부한 날짜

책 속 부록 단어 카드를 더 재미있게 활용하는 방법

뜻이나 단어 맞히기 게임
단어를 보고 우리말 뜻을 맞히거나 그림을 보고 영어 단어를 맞혀 보세요.

spring   봄

친구들과 단어 찾기 게임
단어 카드를 바닥에 펼쳐 놓고 부모님이나 선생님이 불러주는 단어를 빨리 찾는 놀이를 해 보세요.
친구들과 누가 먼저 찾는지 내기를 하면 더 재미있어요.

반의어 찾기 게임
반대 의미를 가진 단어 짝을 찾아서 말해 보세요. big- small처럼 반대되는 단어 짝꿍을 찾는 거예요.

small big
family small   big-small

7

 **01 나의 몸을 나타내는 말 1**

| face | 얼굴 |

a face (하나의) 얼굴

⭐ 하나를 나타낼 때: 신체 부위 앞에 a를 붙여요.

빠진 글자를 써 봐요.

nose 코

a n_se (하나의) 코   a n_s_

mouth 입

a m__th (하나의) 입   a m__t_

head 머리

a hea_ (하나의) 머리   a h_a_

neck 목

a n__k (하나의) 목   a n___

8

그림을 보고 알맞은 단어에 O표를 해 보세요.

1.

nose   mouth   neck

2.

neck   head   face

3.

mouth   neck   nose

4.

nose   head   face

B 단어를 읽고 알맞은 우리말 뜻을 보기 에서 찾아 써 보세요.

보기   ✦목   ✦얼굴   ✦코   ✦입

1.

| face | |

2.

| nose | |

3.

| mouth | |

4.

| neck | |

C 그림을 보고 알맞은 말을 만들어 써 보세요.

a ~~mouth~~ ⟨face⟩

a face

a nose mouth

_____

a face neck

_____

a head mouth

_____

a neck head

_____

TIP 도안에 신체 부위를 그려서 주사위를 만들어 보세요. 그리고 나서 주사위를 굴리면 나오는 신체 부위 이름을 영어로 말해 보세요.

D 그림을 보고 알맞은 말을 보기 에서 찾아 써 보세요.

보기   ✦ a neck   ✦ a mouth   ✦ a head   ✦ a nose

1. _____

2. _____

3. _____

4. _____

02 나의 몸을 나타내는 말 2

an eye
(하나의) 눈

단어의 첫소리가 a, e, i, o, u일 때
단어 앞에 an을 붙여요.
a eye(X) an eye(O)

eyes
두 눈

⭐ 여러 개를 나타낼 때: 단어 끝에 대부분 -s를 붙여요.

따라 쓰고 큰 소리로
읽어 봐요.

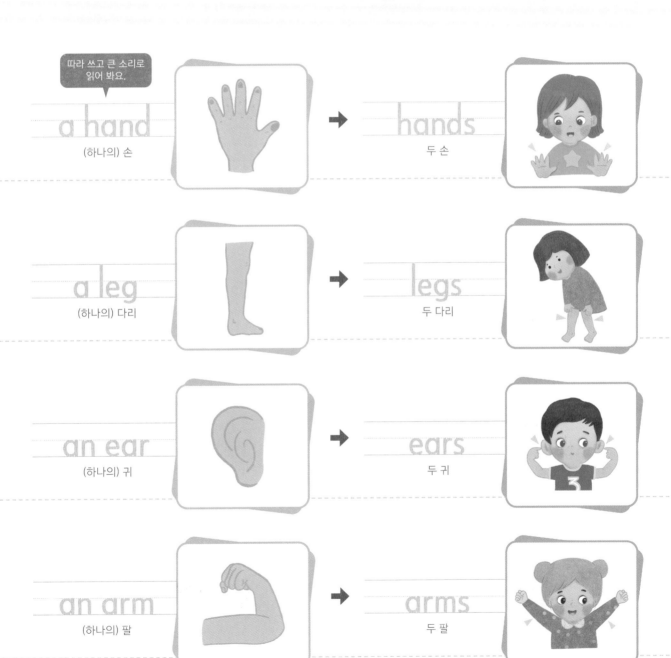

a hand
(하나의) 손

hands
두 손

a leg
(하나의) 다리

legs
두 다리

an ear
(하나의) 귀

ears
두 귀

an arm
(하나의) 팔

arms
두 팔

11

A 그림을 보고 알맞은 단어에 O표를 해 보세요.

1.

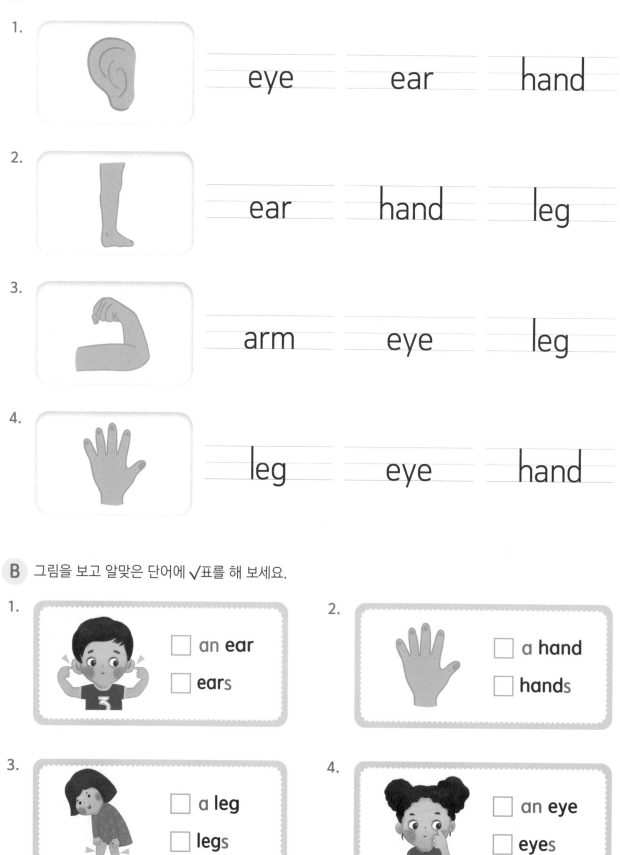

eye   ear   hand

2.

ear   hand   leg

3.

arm   eye   leg

4.

leg   eye   hand

B 그림을 보고 알맞은 단어에 √표를 해 보세요.

1.
☐ an ear
☐ ears

2.
☐ a hand
☐ hands

3.
☐ a leg
☐ legs

4.
☐ an eye
☐ eyes

C 그림을 보고 알맞은 단어에 O표를 하고 써 보세요.

a leg
(legs)

legs

an eye
eyes

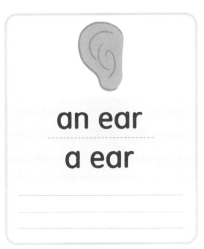

an ear
a ear

a hand
hands

a arm
an arm

an eye
eyes

D 단어를 읽고 알맞은 우리말 뜻을 보기 에서 찾아 써 보세요.

보기
✦ (하나의) 팔   ✦ 두 다리   ✦ (하나의) 손
✦ 두 귀   ✦ (하나의) 귀   ✦ 두 손

1.
| a leg | (하나의) 다리 |
| legs | |

2.
| an arm | |
| arms | 두 팔 |

3.
| a hand | |
| hands | |

4.
| an ear | |
| ears | |

 **03** 나의 몸을 나타내는 말 3

an eye
(하나의) 눈

eyes
두 눈

a tooth
(하나의) 치아

teeth
치아들

★ 여러 개를 나타내는 다른 방법: teeth와 같이 모양이 자유롭게 변하는 단어도 있어요.

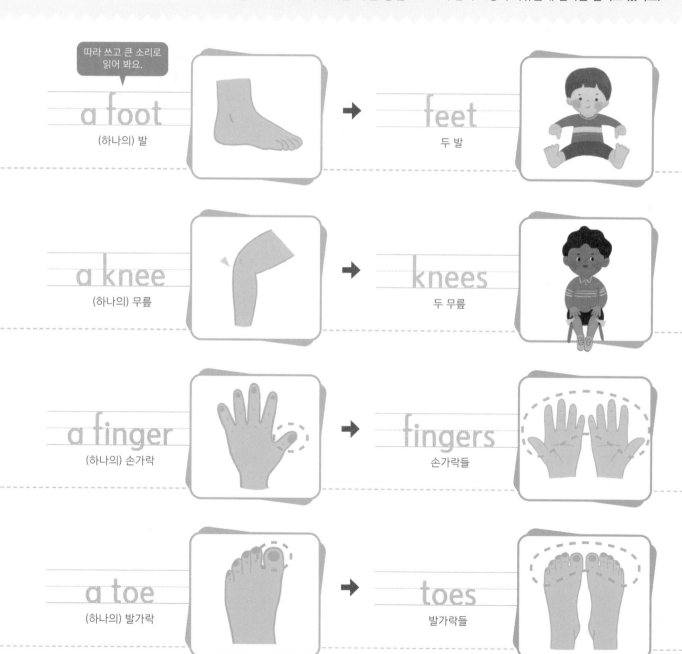

따라 쓰고 큰 소리로 읽어 봐요.

a foot
(하나의) 발
→
feet
두 발

a knee
(하나의) 무릎
→
knees
두 무릎

a finger
(하나의) 손가락
→
fingers
손가락들

a toe
(하나의) 발가락
→
toes
발가락들

14

A 그림을 보고 알맞은 단어에 O표를 해 보세요.

1.
foot   knee   eye

2.
tooth   foot   finger

3.
knee   finger   toe

4.
toe   tooth   knee

B 그림을 보고 알맞은 단어에 √표를 해 보세요.

1.
☐ a foot
☐ feet

2.
☐ a finger
☐ fingers

3.
☐ a knee
☐ knees

4.
☐ a toe
☐ toes

C 단어를 읽고 알맞은 우리말 뜻을 [보기] 에서 찾아 써 보세요.

> [보기]
> ✦ 치아들   ✦ (하나의) 무릎   ✦ 두 무릎
> ✦ (하나의) 발가락   ✦ 손가락들

1.
| a tooth | (하나의) 치아 |
| teeth | |

2.
| a knee | |
| knees | |

3.
| a finger | (하나의) 손가락 |
| fingers | |

4.
| a toe | |
| toes | 발가락들 |

D 그림을 보고 알맞은 단어를 [보기] 에서 찾아 써 보세요.

> [보기]
> ✦ knees   ✦ teeth   ✦ fingers   ✦ toes

1.

2.

3.

4.

 04 동작을 나타내는 말 1

see | 보다

I see. 나는 본다.

▶ 눈으로 보고, 귀로 들을 수 있어요. 이렇게 몸으로 하는 동작들을 알아봐요.

hear
듣다

빠진 글자를 써 봐요.

I h__r.   I h___.
나는 듣는다.

smell
냄새를 맡다

I s___l.   I s____.
나는 냄새를 맡는다.

touch
만지다

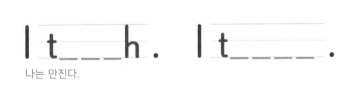
I t___h.   I t____.
나는 만진다.

taste
맛보다

I ta___.   I t____.
나는 맛을 본다.

17

A 그림을 보고 알맞은 단어에 O표를 해 보세요.

1.
    see   hear   smell

2.
    smell   touch   hear

3.
    touch   smell   taste

4.
    see   taste   touch

B 그림을 보고 관련이 깊은 단어끼리 연결해 보세요.

1.
ears

see

2.
eyes

hear

18

C 그림을 보고 알맞은 단어를 보기 에서 찾아 써 보세요.

보기   ✦ hear   ✦ smell   ✦ touch   ✦ taste

1. _____

2. 아~ 향기로워.
_____

3. _____

4. 달콤해!
_____

D 그림을 보고 알맞은 단어를 골라 문장을 만들어 써 보세요.

I see / smell .
_____

I smell / hear .
_____

I touch / hear .
_____

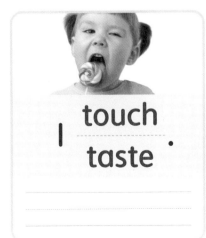

I touch / taste .
_____

I see / hear .
_____

 **05 동작을 나타내는 말 2**

| jump | 뛰어오르다 |

I can jump.   나는 뛰어오를 수 있다.

★ can: ~할 수 있다
can은 jump와 같이 움직임을 나타내는 단어 앞에 써요.

run
달리다

빠진 글자를 써 봐요.

I can r__.
나는 달릴 수 있다.

think
생각하다

I can t___k.
나는 생각할 수 있다.

write
쓰다

I can w_____.
나는 쓸 수 있다.

hug
껴안다

I can h__.
나는 껴안을 수 있다.

A 그림을 보고 알맞은 단어에 O표를 해 보세요.

1.

jump   run   write

2.

hug   think   run

3.

think   jump   hug

4.

run   write   jump

B 그림을 보고 관련이 깊은 단어끼리 연결해 보세요.

1.

arms

think

2.

head

hug

C 그림을 보고 알맞은 단어를 보기 에서 찾아 써 보세요.

보기 ✦ hug ✦ run ✦ think ✦ jump

1.

2.

3.

4.

D 그림을 보고 빈칸을 채워 문장을 완성해 보세요.

1.
I | can |
나는 생각할 수 있다.

2.
I | can |
나는 쓸 수 있다.

3.
I | |
나는 껴안을 수 있다.

4.
I | |
나는 달릴 수 있다.

A 그림에 알맞은 단어를 보기 에서 골라 두 번씩 써 보세요.

보기

eyes

hands

a nose

1.

a nose

2.

3.

보기

teeth

a mouth

ears

4.

5.

6.

보기

a head

a face

feet

7.

8.

9.

그림을 보고 알맞은 단어에 O표를 해 보세요.

1.

see

smell

2.

taste

hear

3.

hear

touch

4.

taste

smell

5.

jump

think

6.

write

hug

7.

jump

run

8.

think

hug

C 우리말에 맞게 알맞은 단어를 보기 에서 찾아 써 보세요.

보기 　　　　✦hear　　✦smell　　✦taste

1. I _____ •　나는 냄새를 맡는다.

2. I _____ •　나는 듣는다.

3. I _____ •　나는 맛을 본다.

D 주어진 단어들을 바르게 배열하여 문장을 완성해 보세요.

1. 　can　　　I　　　think　　　.

　➡ -- 나는 생각할 수 있다.

2. 　write　　　can　　　.　　　I

　➡ -- 나는 쓸 수 있다.

3. 　I　　　.　　　hug　　　can

　➡ -- 나는 껴안을 수 있다.

나의 감정이나 상태를 나타내는 말 1

unit 07 듣기

happy 행복한

I am happy. 나는 행복하다.

⭐ I am + 감정이나 상태를 나타내는 단어: 나는 (기분이나 상태가) ~하다
나의 기분이나 상태를 나타낼 때 'I am ~'으로 말해 보세요.

---

sad 슬픈

빠진 글자를 써 봐요.

I am s___.
나는 슬프다.

---

angry 화가 난

I am a____y.
나는 화가 난다.

---

hungry 배고픈

I am h____ry.
나는 배고프다.

---

full 배부른

I am f___.
나는 배부르다.

A 그림을 보고 알맞은 단어에 O표를 해 보세요.

1.
   sad　　happy　　full

2. hungry　　angry　　sad

3. sad　　happy　　full

4. full　　angry　　hungry

B 단어를 읽고 알맞은 우리말 뜻을 보기 에서 찾아 써 넣으세요.

보기　　✦ 행복한　　✦ 화가 난　　✦ 배부른　　✦ 배고픈

1. | angry | |

2. | full | |

3. | hungry | |

4. | happy | |

C 그림을 보고 알맞은 단어를 보기 에서 찾아 써 보세요.

보기   ✦happy   ✦sad   ✦hungry   ✦full

1. _____

2. _____

3. _____

4. _____

D 그림을 보고 빈칸을 채워 문장을 완성해 보세요.

1.
| I | am | |

나는 화가 난다.

2.
| I | am | |

나는 슬프다.

3.
| I | | |

나는 배고프다.

4.
| | | |

나는 배부르다.

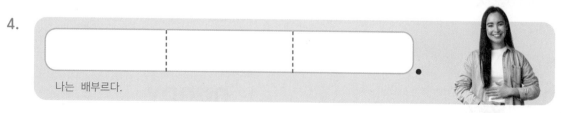

TIP 얼굴 모양에 눈과 입을 그려 감정을 나타내어 보세요. 그리고 어떤 감정인지 영어로 말해 보세요!

 angry

 happy

08 나의 감정이나 상태를 나타내는 말 2

great 정말 좋은

I feel great.   나는 기분이 정말 좋다.

⭐ I feel + 감정이나 상태를 나타내는 단어: 나는 (기분이나 상태가) ~하다
나의 감정이나 상태를 나타낼 때는 'I feel ~'로도 말할 수 있어요.

bad 나쁜

빠진 글자를 써 봐요.

I feel b___.
나는 기분이 나쁘다.

sleepy 졸린

I feel s_____y.
나는 졸리다.

shy 부끄러워하는

I feel s__.
나는 부끄럽다.

thirsty 목마른

I feel t_____y.
나는 목마르다.

A 그림을 보고 알맞은 단어에 √표를 해 보세요.

1.
| bad | thirsty | sleepy |
| ○ | ○ | ○ |

2.
| great | shy | thirsty |
| ○ | ○ | ○ |

3.
| bad | great | thirsty |
| ○ | ○ | ○ |

4.
| sleepy | shy | great |
| ○ | ○ | ○ |

B 단어를 읽고 알맞은 우리말 뜻을 보기 에서 찾아 써 보세요.

보기   ✦ 정말 좋은   ✦ 부끄러워하는   ✦ 나쁜   ✦ 목마른

1. **shy**

2. **great**

3. **bad**

4. **thirsty**

C 그림을 보고 알맞은 단어를 보기 에서 찾아 써 보세요.

보기   ✦ great   ✦ sleepy   ✦ shy   ✦ thirsty

1.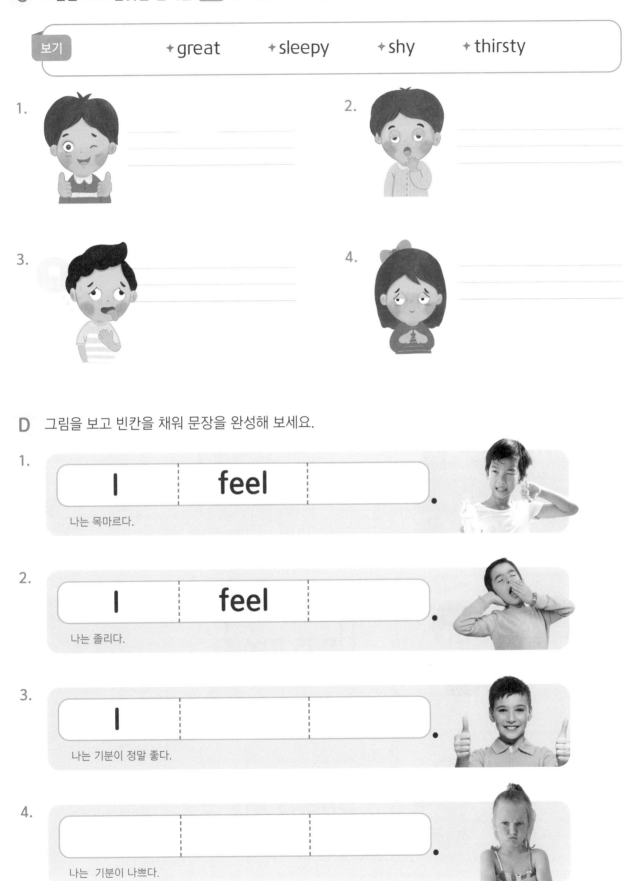

2.

3.

4.

D 그림을 보고 빈칸을 채워 문장을 완성해 보세요.

1.
| I | feel | |

나는 목마르다.

2.
| I | feel | |

나는 졸리다.

3.
| I | | |

나는 기분이 정말 좋다.

4.
| | | |

나는 기분이 나쁘다.

09 나의 가족을 나타내는 말 1

family 가족

She is my family. 그녀는 나의 가족이다.

⭐ She / He is my ~: 그녀는 / 그는 나의 ~이다
사람을 가리킬 때 여자는 'She is ~', 남자는 'He is ~'라고 말해요.

father
아버지

빠진 글자를 써 봐요.

He is my f__her .
그는 나의 아버지이다.

mother
어머니

She is my ____er .
그녀는 나의 어머니이다.

brother
남동생, 형, 오빠

He is my b_____r .
그는 나의 남동생이다.

sister
여동생, 언니, 누나

She is my s____r .
그녀는 나의 여동생이다.

그림을 보고 알맞은 단어에 O표를 해 보세요.

1. 
mother

father

2. 
mother

father

3. 
brother

sister

4. 
family

sister

B 그림을 보고 알맞은 단어를 골라 문장을 완성해 보세요.

1.
She

He

is my mother.

2.
She

He

is my brother.

3.
She

He

is my sister.

4.
She

He

is my father.

C 그림을 보고 알맞은 단어를 보기 에서 찾아 써 보세요.

> 보기   ✦ father   ✦ mother   ✦ brother   ✦ family

1.

2.

3.

4.

D 그림을 보고 빈칸을 채워 문장을 완성해 보세요.

1. ___ | **is** | **my** | ___ .

그녀는 나의 어머니이다.

2. ___ | **is** | **my** | ___ .

그는 나의 아버지이다.

3. ___ | **is** | **my** | ___ .

그녀는 나의 여동생이다.

4. ___ | **is** | **my** | ___ .

그는 나의 남동생이다.

baby	아기

He is my baby. 그는 나의 아기이다.

⭐ my: 나의
my를 이용해서 나의 가족이나 친척을 소개해 봐요.

grandfather
할아버지

빠진 글자를 써 봐요.

He is my g_____ather.
그는 나의 할아버지이다.

grandmother
할머니

She is my g_____other.
그녀는 나의 할머니이다.

uncle
삼촌

He is my u_____.
그는 나의 삼촌이다.

aunt
이모, 고모

She is my a__t.
그녀는 나의 이모이다.

그림을 보고 알맞은 단어에 O표를 해 보세요.

1. grandfather   grandmother

2. baby   uncle   aunt

3. baby   aunt   grandfather

4. aunt   uncle   grandmother

B 그림을 보고 알맞은 단어를 골라 문장을 완성해 보세요.

1. | She / He | is my | grandmother / grandfather | .

2. | She / He | is my | grandmother / grandfather | .

3. | She / He | is my | uncle / aunt | .

36

C 그림을 보고 알맞은 단어를 보기 에서 찾아 써 보세요.

보기   ✦ baby   ✦ grandfather   ✦ uncle   ✦ aunt

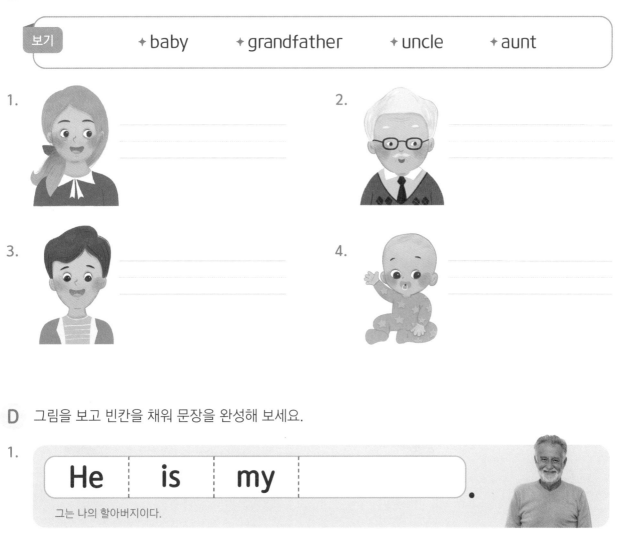

1. _____

2. _____

3. _____

4. _____

D 그림을 보고 빈칸을 채워 문장을 완성해 보세요.

1. | He | is | my | |
   그는 나의 할아버지이다.

2. | She | is | my | |
   그녀는 나의 할머니이다.

3. | He | | | |
   그는 나의 삼촌이다.

4. | | | | |
   그녀는 나의 이모이다.

A 그림에 알맞은 단어를 보기 에서 골라 두 번씩 써 보세요.

보기

happy

sad

angry

1.

_____

_____

2.

_____

_____

3.

_____

_____

보기

hungry

full

great

4.

_____

_____

5.

_____

_____

6.

_____

_____

보기

sleepy

shy

thirsty

7.

_____

_____

8.

_____

_____

9.

_____

_____

B 그림을 보고 알맞은 단어에 O표를 해 보세요.

1.

mother

father

2.
grandmother

grandfather

3.

grandfather

grandmother

4.
uncle

aunt

5.

sister

brother

6.
sister

uncle

7.

baby

uncle

8.
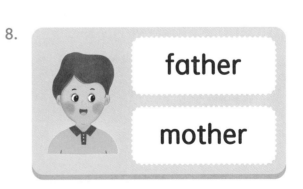
father

mother

C 주어진 단어들을 바르게 배열하여 문장을 완성해 보세요.

1.

| feel | I | . | great |

➡ _____ 나는 기분이 정말 좋다.

2.

| shy | feel | . | I |

➡ _____ 나는 부끄럽다.

3.

| I | hungry | . | am |

➡ _____ 나는 배고프다.

D 우리말에 맞게 알맞은 단어를 보기 에서 찾아 써 보세요.

보기   ✦brother   ✦mother   ✦sister

1.

She is my _____ • 그녀는 나의 여동생이다.

2.

He is my _____ • 그는 나의 남동생이다.

3.

She is my _____ • 그녀는 나의 어머니이다.

12 집에서 볼 수 있는 장소

| house | 집 |

Here is a house. 여기에 집이 있다.

★ Here is ~: 여기에 ~이 있다
'Here is ~'를 이용해서 집에서 볼 수 있는 장소들을 표현해 봐요.

kitchen 부엌

빠진 글자를 써 봐요.

Here is a ki_____n .
여기에 부엌이 있다.

bedroom 침실

Here is a b_____m .
여기에 침실이 있다.

bathroom 욕실

Here is a b_____m .
여기에 욕실이 있다.

living room 거실

Here is a l____g r__m .
여기에 거실이 있다.

A 그림을 보고 알맞은 단어에 O표를 해 보세요.

1.

house   kitchen

2.

bathroom   living room

3.

bedroom   kitchen

4.

bathroom   bedroom

B 단어를 읽고 알맞은 우리말 뜻을 보기 에서 찾아 써 보세요.

보기   ✦욕실   ✦거실   ✦부엌   ✦침실

1.
kitchen

2.
bedroom

3.
bathroom

4.
living room

C 그림을 보고 알맞은 단어를 보기 에서 찾아 써 보세요.

보기 ✦ bathroom   ✦ house   ✦ living room   ✦ bedroom

1. _____

2. _____

3. _____

4. _____

D 그림을 보고 빈칸을 채워 문장을 완성해 보세요.

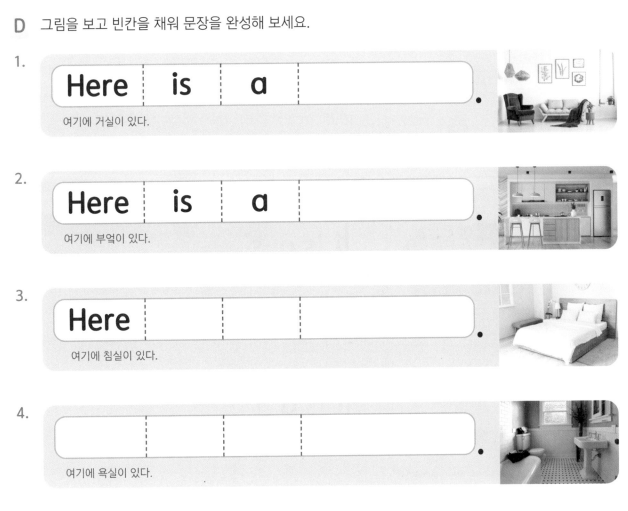

1. | Here | is | a | |
여기에 거실이 있다.

2. | Here | is | a | |
여기에 부엌이 있다.

3. | Here | | | |
여기에 침실이 있다.

4. | | | | |
여기에 욕실이 있다.

13 집에서 사용하는 물건 1

bed | 침대

It is a bed.
그것은 침대이다.

☆ It is ~: 그것은 ~이다
'It is ~'를 이용해서 집에 있는 물건들을 말해 봐요.

desk
책상

빠진 글자를 써 봐요.

It is a d____.
그것은 책상이다.

lamp
램프

It is a l____.
그것은 램프이다.

sofa
소파

It is a s____.
그것은 소파이다.

table
탁자

It is a t____.
그것은 탁자이다.

A 그림을 보고 알맞은 단어에 ✓표를 해 보세요.

1.

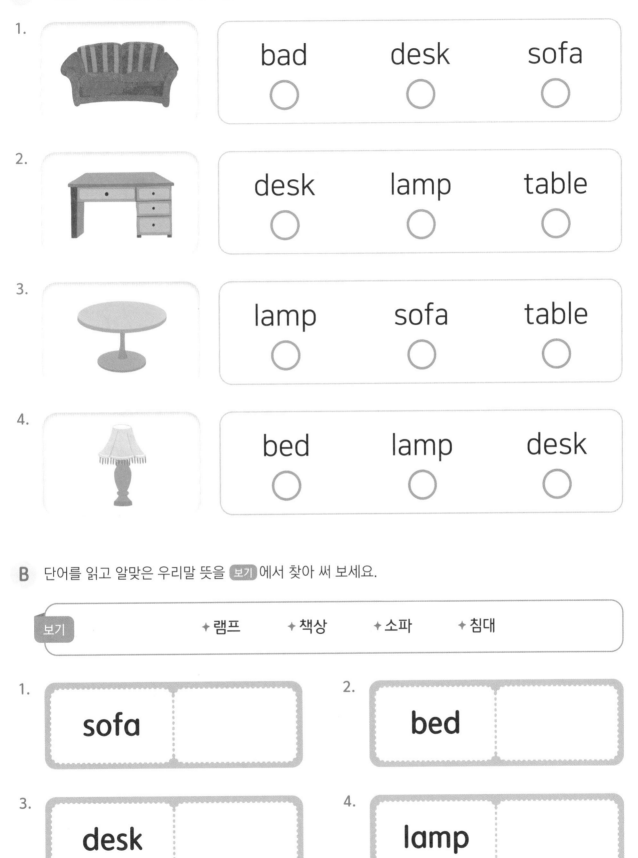

bad	desk	sofa
○	○	○

2.

desk	lamp	table
○	○	○

3.

lamp	sofa	table
○	○	○

4.

bed	lamp	desk
○	○	○

B 단어를 읽고 알맞은 우리말 뜻을 보기 에서 찾아 써 보세요.

보기   ✦ 램프   ✦ 책상   ✦ 소파   ✦ 침대

1. **sofa**

2. **bed**

3. **desk**

4. **lamp**

C 그림을 보고 알맞은 단어를 보기 에서 찾아 써 보세요.

보기   ✦ bed   ✦ lamp   ✦ sofa   ✦ table

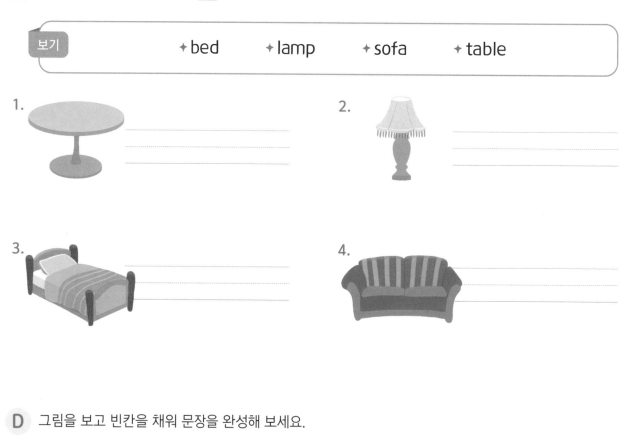

1.

2.

3.

4.

D 그림을 보고 빈칸을 채워 문장을 완성해 보세요.

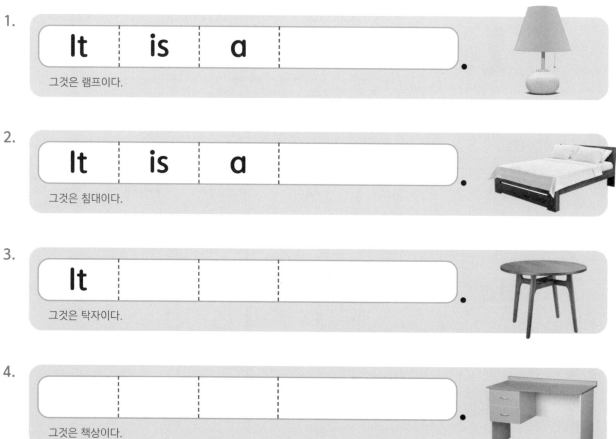

1.

It   is   a

그것은 램프이다.

2.

It   is   a

그것은 침대이다.

3.

It

그것은 탁자이다.

4.

그것은 책상이다.

14 집에서 사용하는 물건 2

| door | 문 |

They are doors. 그것들은 문들이다.

★ They are ~ : 그것들은 ~이다

침실이나 거실에서 볼 수 있는 여러 물건들을 'They are ~'을 이용해서 말해 봐요.

chair 의자

빠진 글자를 써 봐요.

They are c_____s .

그것들은 의자들이다.

dish 그릇

They are d___es* .

그것들은 그릇들이다.

fridge 냉장고

They are f_____s .

그것들은 냉장고들이다.

window 창문

They are w_____s .

그것들은 창문들이다.

*dish는 여러 개를 나타낼 때 -es가 붙어서 dishes가 돼요.

47

A 그림을 보고 알맞은 단어에 O표를 해 보세요.

1.  door   window   dish

2. dish   chair   fridge

3. window   dish   chair

4. fridge   door   chair

B 단어를 읽고 알맞은 우리말 뜻을 보기 에서 찾아 써 보세요.

보기   ✦ 냉장고   ✦ 문   ✦ 의자   ✦ 창문

1.
window

2.
chair

3.
fridge

4.
door

48

C 그림을 보고 알맞은 단어를 보기 에서 찾아 써 보세요.

보기   ✦ door   ✦ window   ✦ fridge   ✦ chair

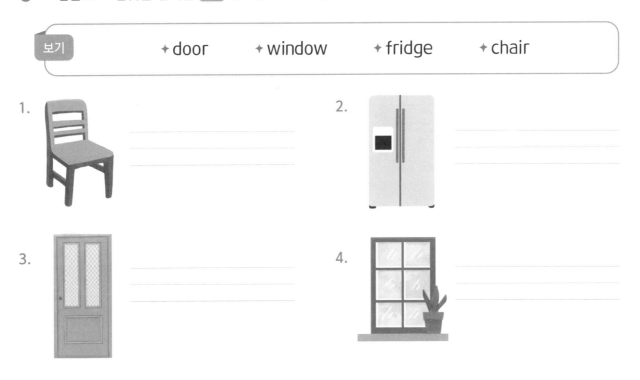

1. _____

2. _____

3. _____

4. _____

D 그림을 보고 빈칸을 채워 문장을 완성해 보세요.

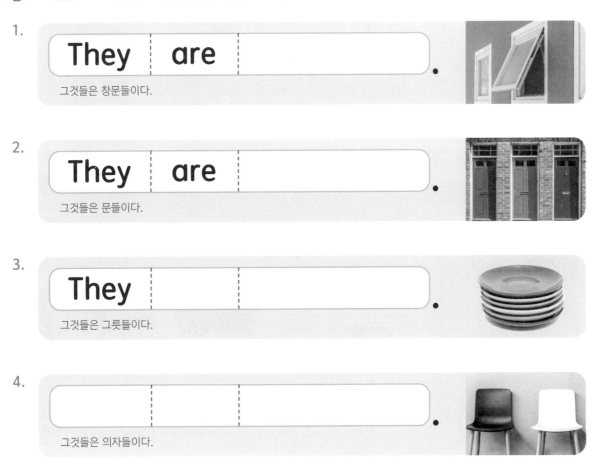

1. | They | are | |
   그것들은 창문들이다.

2. | They | are | |
   그것들은 문들이다.

3. | They | | |
   그것들은 그릇들이다.

4. | | | |
   그것들은 의자들이다.

A 그림에 알맞은 단어를 보기 에서 골라 두 번씩 써 보세요.

보기
kitchen
bedroom
bathroom

1.
_____
_____
_____

2.
_____
_____
_____

3.
_____
_____
_____

보기
living room
bed
lamp

4.
_____
_____
_____

5.
_____
_____
_____

6.
_____
_____
_____

보기
desk
table
sofa

7.
_____
_____
_____

8.
_____
_____
_____

9.
_____
_____
_____

1.

chair

door

2.

dish

fridge

3.

door

window

4.

chair

fridge

5.

house

dish

6.

lamp

window

7.
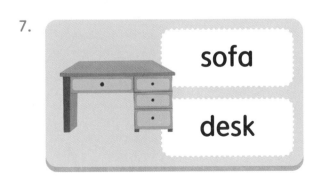

sofa

desk

8.

bedroom

bathroom

C 우리말에 맞게 알맞은 단어를 보기 에서 찾아 써 보세요.

보기   ✦ bathroom   ✦ living room   ✦ kitchen

1.
Here is a _____ • 여기는 부엌이다.

2.
Here is a _____ • 여기는 욕실이다.

3.
Here is a _____ • 여기는 거실이다.

D 주어진 단어들을 바르게 배열하여 문장을 완성해 보세요.

1.
a sofa   It   is   .

➜
-- 그것은 소파이다.

2.
are   .   They   chairs

➜
-- 그것들은 의자들이다.

3.
is   a bed   .   It

➜
-- 그것은 침대이다.

16 날씨를 알려주는 것

| sun | 해 |

I see the sun. 나는 해를 본다.

★ I see ~: 나는 ~을 본다
'I see ~'를 이용해서 날씨를 알려주는 단어를 말해 봐요.

rain 비

빠진 글자를 써 봐요.

I see the* r＿＿＿ .
나는 비를 본다.

cloud 구름

I see the c＿＿＿d .
나는 구름을 본다.

wind 바람

I see the w＿＿＿ .
나는 바람을 본다.

snow 눈

I see the s＿＿＿ .
나는 눈을 본다.

*the는 세상에서 하나 밖에 없는 대상이나 서로 아는 대상에 대해 말할 때 써요.

53

A 그림을 보고 알맞은 단어에 ✓표를 해 보세요.

1.

sun ○　　　rain ○　　　cloud ○

2.

rain ○　　　wind ○　　　snow ○

3.

cloud ○　　　rain ○　　　snow ○

4.

sun ○　　　cloud ○　　　snow ○

B 단어를 읽고 알맞은 우리말 뜻을 보기 에서 찾아 써 보세요.

보기　　　✦비　　✦구름　　✦바람　　✦눈

1.

| wind | |

2.

| cloud | |

3.

| snow | |

4.

| rain | |

C   그림을 보고 알맞은 단어를 보기 에서 찾아 써 보세요.

보기   ✦cloud   ✦wind   ✦rain   ✦sun

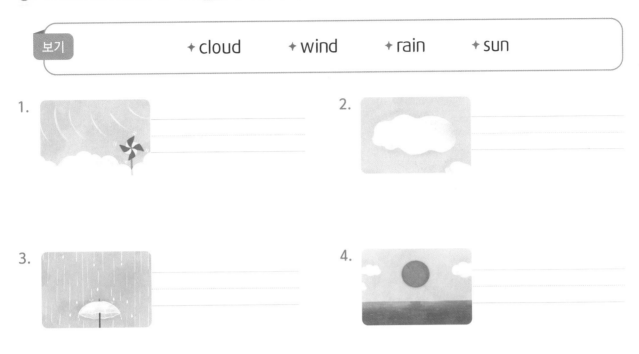

1.

2.

3.

4.

D   그림을 보고 빈칸을 채워 문장을 완성해 보세요.

1.

I	see	the	

나는 구름을 본다.

2.

I	see	the	

나는 비를 본다.

3.

I	see	the	

나는 눈을 본다.

4.

		the	

나는 바람을 본다.

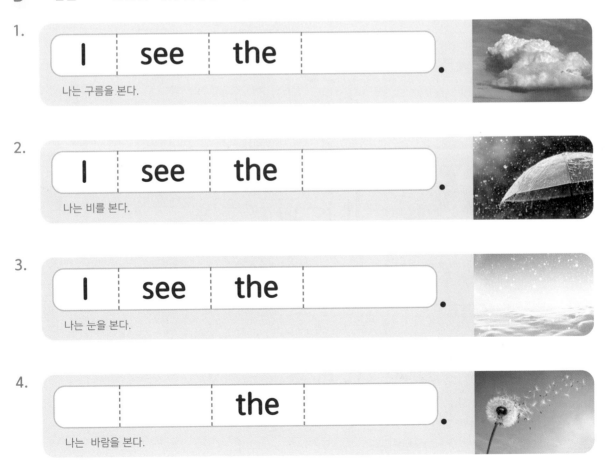

55

17 날씨를 나타내는 말 1

sunny 맑은

It is sunny. 맑다.

☆ 날씨를 표현할 때: 'It is ~'를 써요.

rainy 비가 오는

빠진 글자를 써 봐요.

It is r___y .
비가 온다.

cloudy 흐린

It is c____y .
흐리다.

windy 바람이 부는

It is w___y .
바람이 분다.

snowy 눈이 오는

It is s___y .
눈이 온다.

A 그림을 보고 알맞은 단어에 ✓표를 하세요.

1.
sunny	rainy	cloudy
○	○	○

2.
cloudy	windy	snowy
○	○	○

3.
windy	rainy	snowy
○	○	○

4.
rainy	sunny	windy
○	○	○

B 단어를 읽고 알맞은 우리말 뜻을 [보기] 에서 찾아 써 보세요.

[보기]   ✦ 비가 오는   ✦ 흐린   ✦ 바람이 부는   ✦ 눈이 오는

1. **windy**

2. **cloudy**

3. **snowy**

4. **rainy**

C 그림을 보고 알맞은 단어를 보기 에서 찾아 써 보세요.

보기   ✦ sunny   ✦ windy   ✦ snowy   ✦ cloudy

1.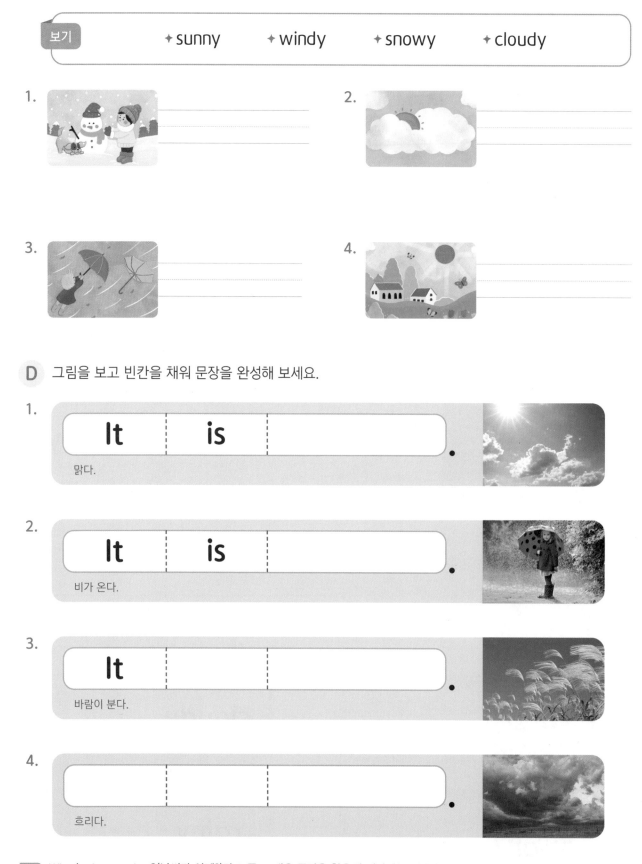

2.

3.

4.

D 그림을 보고 빈칸을 채워 문장을 완성해 보세요.

1.
| It | is | |
맑다.

2.
| It | is | |
비가 온다.

3.
| It | | |
바람이 분다.

4.
| | | |
흐리다.

TIP What's the weather?(날씨가 어때?)라고 묻고, 배운 문장을 활용해 대답하는 연습을 해 보세요!

18 날씨를 나타내는 말 2

warm 따뜻한

It is warm. 따뜻하다.

hot 더운

빠진 글자를 써 봐요.

It is h_t. It is h__.
덥다.

cool 선선한, 시원한

It is c__l. It is c___.
선선하다.

cold 추운

It is c__d. It is c___.
춥다.

dry 건조한

It is d_y. It is d__.
건조하다.

59

A 그림을 보고 알맞은 단어에 ✓표를 하세요.

1.
warm ○   hot ○   cool ○

2.
cold ○   cool ○   dry ○

3.
cold ○   dry ○   hot ○

4.
cool ○   warm ○   cold ○

B 단어를 읽고 알맞은 우리말 뜻을 보기 에서 찾아 써 보세요.

보기   ✦ 따뜻한   ✦ 선선한   ✦ 추운   ✦ 건조한

1. **dry**

2. **warm**

3. **cold**

4. **cool**

C 그림을 보고 알맞은 단어를 보기 에서 찾아 써 보세요.

보기   ✦ warm   ✦ hot   ✦ cool   ✦ cold

1.

2.

3.

4.

D 그림을 보고 빈칸을 채워 문장을 완성해 보세요.

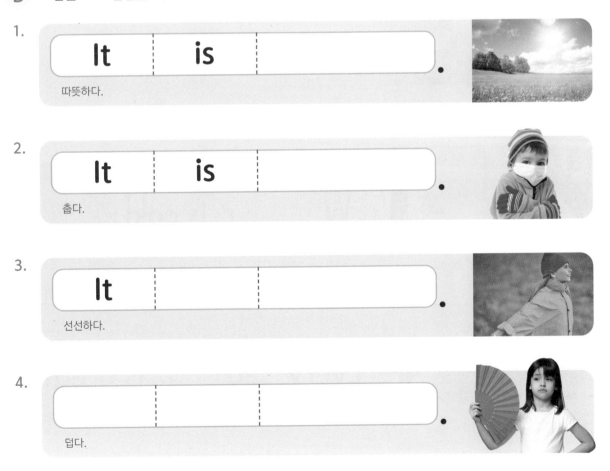

1.
It is
따뜻하다.

2.
It is
춥다.

3.
It
선선하다.

4.
덥다.

19 계절을 나타내는 말

spring 봄

Spring **is warm.** 봄은 따뜻하다.

빠진 글자를 써 봐요.

S_____r **is hot.**
여름은 덥다.

summer 여름

F____ **is cool.**
가을은 선선하다.

fall 가을

W_____r **is cold.**
겨울은 춥다.

winter 겨울

Every sea____ **is great.**
모든 계절이 멋지다.

season 계절

A 그림을 보고 알맞은 단어에 ✓표를 해 보세요.

1.

spring   summer   fall
  ○   ○   ○

2.

summer   fall   winter
  ○   ○   ○

3.

spring   winter   season
  ○   ○   ○

B 그림을 보고 알맞은 단어를 골라 문장을 완성해 보세요.

1.
| Spring |
| Winter |
is
| warm |
| cold |
.

2.
| Summer |
| Fall |
is
| cool |
| cold |
.

3.
| Fall |
| Winter |
is
| hot |
| cold |
.

C 그림을 보고 알맞은 단어를 보기 에서 찾아 써 보세요.

보기   ✦spring   ✦summer   ✦fall   ✦winter

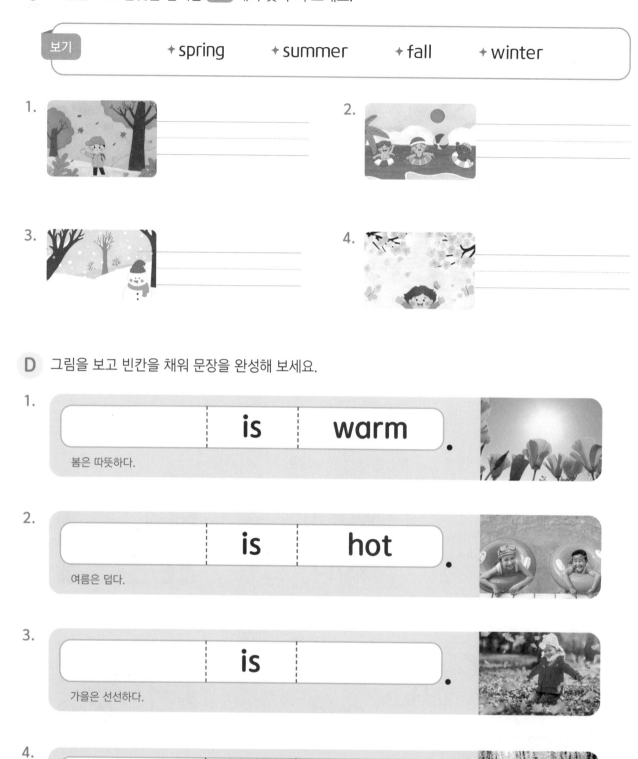

1. _____

2. _____

3. _____

4. _____

D 그림을 보고 빈칸을 채워 문장을 완성해 보세요.

1. | | is | warm | .

봄은 따뜻하다.

2. | | is | hot | .

여름은 덥다.

3. | | is | | .

가을은 선선하다.

4. | | | | .

겨울은 춥다.

TIP 상대방에게 What season do you like?(너는 어떤 계절을 좋아하니?)라고 물어 보며, 대화를 나누어 보세요. 그리고 계절에 따라 날씨가 어떻게 바뀌는지도 말해 보세요.

A 그림에 알맞은 단어를 보기 에서 골라 두 번씩 써 보세요.

보기

sun

rain

cloud

1.

2.

3.

보기

wind

snow

summer

4.

5.

6.

보기

winter

spring

fall

7.

8.

9.

B 그림을 보고 알맞은 단어에 O표를 해 보세요.

1.

warm

hot

2.

cool

cold

3.

hot

cold

4.

warm

cool

5.

sunny

rainy

6.

cloudy

snowy

7.

windy

sunny

8.

rainy

cloudy

C 주어진 단어들을 바르게 배열하여 문장을 완성해 보세요.

1.

is	.	Spring	warm

➡ _____ 봄은 따뜻하다.

2.

cold	Winter	is	.

➡ _____ 겨울은 춥다.

3.

Summer	hot	.	is

➡ _____ 여름은 덥다.

D 우리말에 맞게 알맞은 단어를 보기 에서 골라 써 보세요.

보기   ✦ windy   ✦ rainy   ✦ snowy

1.

It is _____. 비가 온다.

2.

It is _____. 바람이 분다.

3.

It is _____. 눈이 온다.

21 자연을 나타내는 말

sea | 바다

A **sea** **is water.** 바다는 물이다.

▶ 자연에서 볼 수 있는 바다, 강, 호수는 물이고 산과 언덕은 땅이에요. 이렇게 자연을 나타내는 말을 배워 봐요.

river 강

빠진 글자를 써 봐요.

A r____r is water.
강은 물이다.

lake 호수

A l____ is water.
호수는 물이다.

mountain 산

A m_____in is land.*
산은 땅이다.

hill 언덕

A h____ is land.
언덕은 땅이다.

*land: 땅

68

A 그림을 보고 알맞은 단어에 √표를 해 보세요.

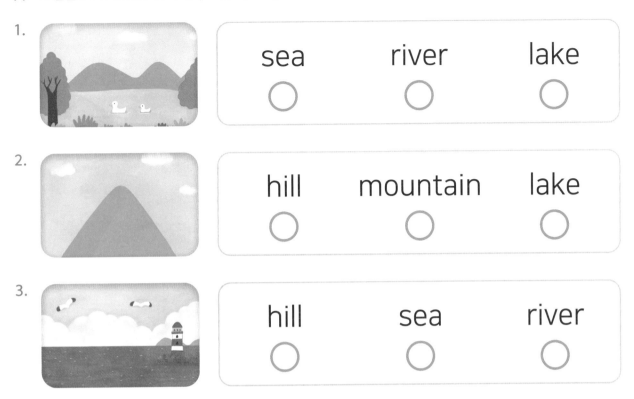

1.
   sea   river   lake
   ○   ○   ○

2.
   hill   mountain   lake
   ○   ○   ○

3.
   hill   sea   river
   ○   ○   ○

B 빈칸에 알맞은 영어 단어나 우리말 뜻을 보기 에서 찾아 써 보세요.

보기   ✦산   ✦hill   ✦호수   ✦river

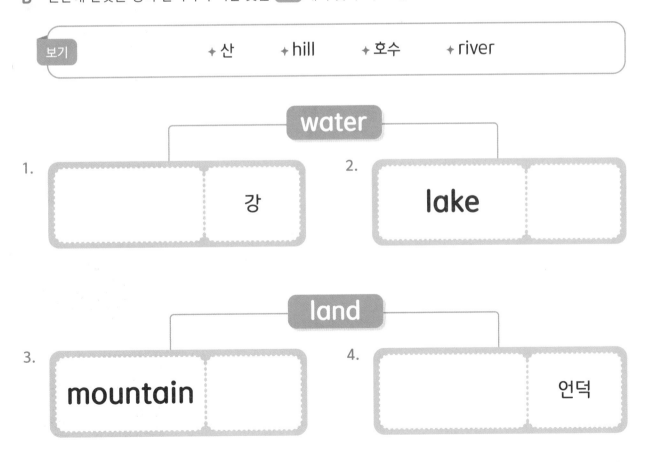

water

1. | | 강 |

2. | lake | |

land

3. | mountain | |

4. | | 언덕 |

C 그림을 보고 알맞은 단어를 보기 에서 찾아 써 보세요.

보기   ✦mountain   ✦hill   ✦river   ✦sea

1.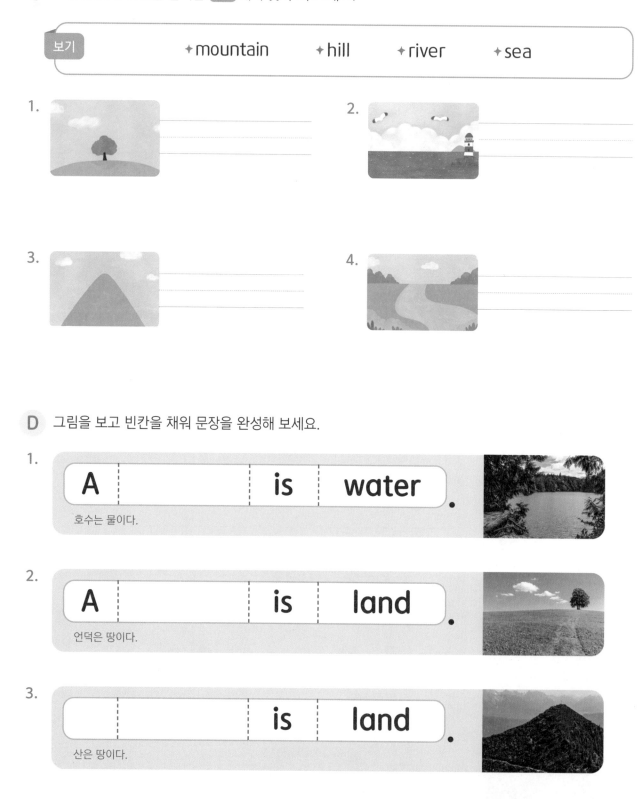

2.

3.

4.

D 그림을 보고 빈칸을 채워 문장을 완성해 보세요.

1.
A _____ is water .
호수는 물이다.

2.
A _____ is land .
언덕은 땅이다.

3.
_____ is land .
산은 땅이다.

4.
_____ is water .
강은 물이다.

22 특징을 나타내는 말

salty (맛이) 짠

a salty sea 짭짤한 바다

---

long 긴
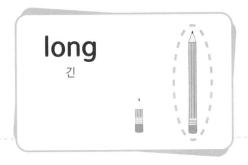

빠진 글자를 써 봐요.

a l____ river
(길이가) 긴 강

---

large 넓은
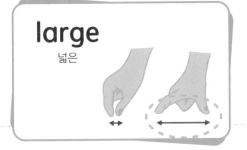

a l___e lake
넓은 호수

---

high 높은

a h____ mountain
높은 산
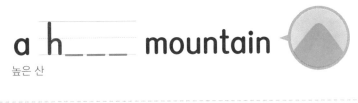

---

low 낮은

a l__ hill
낮은 언덕

A 그림을 보고 알맞은 말에 ✓표를 해 보세요.

1.
salty ◯	low ◯	large ◯

2.
long ◯	high ◯	low ◯

3.
salty ◯	low ◯	high ◯

4.
high ◯	large ◯	long ◯

B 단어를 읽고 알맞은 우리말 뜻을 보기 에서 찾아 써 보세요.

보기   ✦ 긴   ✦ 낮은   ✦ 넓은 호수   ✦ 긴 강   ✦ 낮은 언덕   ✦ 높은 산

1.
large	넓은
a large lake	

2.
long	
a long river	

3.
high	높은
a high mountain	

4.
low	
a low hill	

C 그림을 보고 알맞은 단어를 골라 보세요.

1.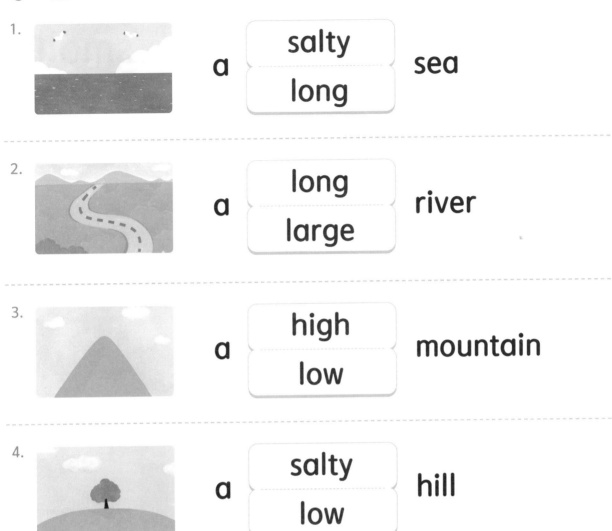

a [salty / long] sea

2.

a [long / large] river

3.

a [high / low] mountain

4.

a [salty / low] hill

D 그림을 보고 알맞은 단어를 보기 에서 찾아 써 보세요.

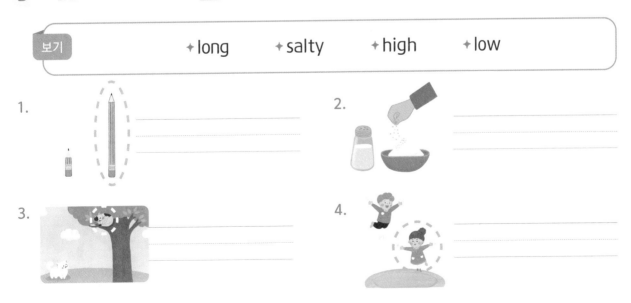

보기   ✦long   ✦salty   ✦high   ✦low

1.

2.

3.

4.

23 반대되는 뜻을 나타내는 말 1

big (크기가) 큰

small (크기가) 작은

▶ big과 small처럼 반대되는 뜻을 나타내는 단어들을 알아봐요.

따라 쓰고 큰 소리로 읽어 봐요.

hard 딱딱한 ↔ soft 부드러운

strong 강한 ↔ weak 약한

dark 어두운 ↔ light 밝은

tall (키가) 큰 ↔ short (키가) 작은

74

A 그림을 보고 알맞은 단어에 O표를 하고 써 보세요.

(big)
small

big

dark
light

strong
weak

tall
short

hard
soft

big
small

hard
soft

strong
weak

dark
light

B 그림을 보고 반대되는 뜻을 가진 단어를 보기 에서 찾아 써 보세요.

보기   ✦ big   ✦ small   ✦ hard   ✦ strong   ✦ soft   ✦ weak

1. big

2. small

3. _____

4. _____

으~ 힘들어.

5. _____

6. _____

C 단어를 읽고 알맞은 우리말 뜻을 보기 에서 찾아 써 보세요.

보기   ✦ 어두운   ✦ 밝은   ✦ 단단한   ✦ 작은   ✦ 약한   ✦ 부드러운

1.

strong	강한
weak	

2.

dark	
light	

3.

tall	큰
short	

4.

hard	
soft	

24 반대되는 뜻을 나타내는 말 2

fat
뚱뚱한

thin
마른

따라 쓰고 큰 소리로 읽어 봐요.

clean ↔ dirty
깨끗한　　　더러운

new ↔ old
새로운　　　오래된

slow ↔ fast
느린　　　빠른

left ↔ right
왼쪽의　　　오른쪽의

A 그림을 보고 알맞은 단어에 O표를 하고 써 보세요.

fat
thin

_____

slow
fast

_____

new
old

_____

clean
dirty

_____

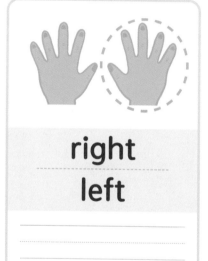

right
left

_____

fat
thin

_____

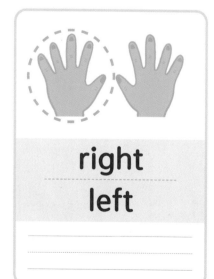

right
left

_____

new
old

_____

slow
fast

_____

B 그림을 보고 반대되는 뜻을 가진 단어를 보기 에서 찾아 써 보세요.

보기 ✦clean ✦left ✦fast ✦slow ✦right ✦dirty

1. _____

2. _____

3. _____

4. _____

5. _____

6. _____

C 단어를 읽고 알맞은 우리말 뜻을 보기 에서 찾아 써 보세요.

보기 ✦마른 ✦빠른 ✦오른쪽의 ✦왼쪽의 ✦새로운 ✦느린

1.
| fat | 뚱뚱한 |
| thin | |

2.
| slow | |
| fast | |

3.
| new | |
| old | 오래된 |

4.
| right | |
| left | |

A 그림에 알맞은 단어를 보기 에서 골라 두 번씩 써 보세요.

보기

sea

river

hill

1.

2.

3.

보기

lake

mountain

salty

4.

5.

6.

보기

long

high

low

7.

8.

9.

B 그림을 보고 알맞은 단어에 O표를 해 보세요.

1.
   big
   small

2.
   hard
   soft

3.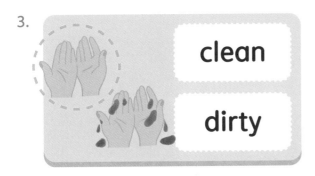
   clean
   dirty

4.
   new
   old

5.
   strong
   weak

6.
   fat
   thin

7.
   slow
   fast

8.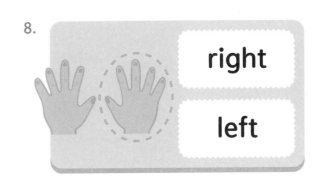
   right
   left

C 다음 영어를 읽고 알맞은 그림에 O표를 해 보세요.

1. **a salty sea**

2. **a long river**

3. **a high mountain**

4. **a low hill**

D 주어진 단어들을 바르게 배열하여 문장을 완성해 보세요.

1.

| A sea | . | water | is |

➡ --- 바다는 물이다.

2.

| land | A mountain | . | is |

➡ --- 산은 땅이다.

3.

| is | . | A hill | land |

➡ --- 언덕은 땅이다.

26 색깔을 나타내는 말

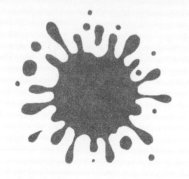

| **red** | 빨간, 빨간색 |

a red sofa 빨간 소파

▶ 색깔을 나타내는 단어로 우리 주변에서 볼 수 있는 것들을 표현해 봐요.

white
흰, 흰색

빠진 글자를 써 봐요.

a w_____ bed
흰 침대

black
검은, 검은색

a b___k table
검은 탁자

green
초록빛의, 초록색

a g___n mountain
초록빛의 산

blue
파란, 파란색

a b___ sea
파란 바다

그림을 보고 알맞은 단어에 O표를 해 보세요.

1.

red   white   black

2.

white   black   green

3.

red   green   blue

B   그림을 보고 알맞은 단어를 골라 보세요.

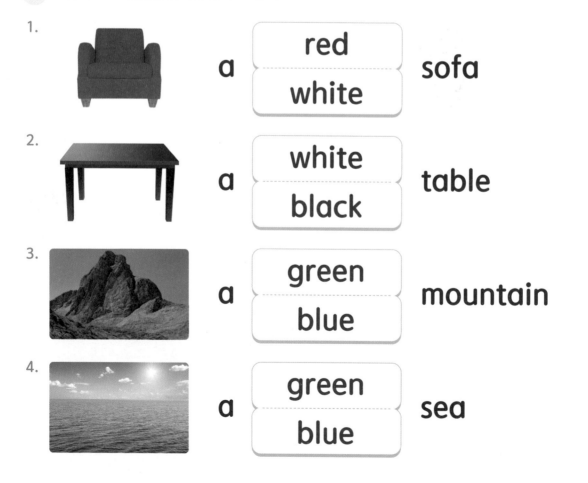

1. a   red / white   sofa

2. a   white / black   table

3. a   green / blue   mountain

4. a   green / blue   sea

C 단어를 읽고 알맞은 우리말 뜻을 보기 에서 찾아 써 보세요.

보기 ✦ 검은 ✦ 파란 바다 ✦ 흰 ✦ 파란 ✦ 검은 탁자 ✦ 빨간 소파

1.
| red | 빨간 |
| a red sofa | |

2.
| white | |
| a white bed | 흰 침대 |

3.
| black | |
| a black table | |

4.
| blue | |
| a blue sea | |

D 그림에 맞게 연결하고 다시 써 보세요.

1.
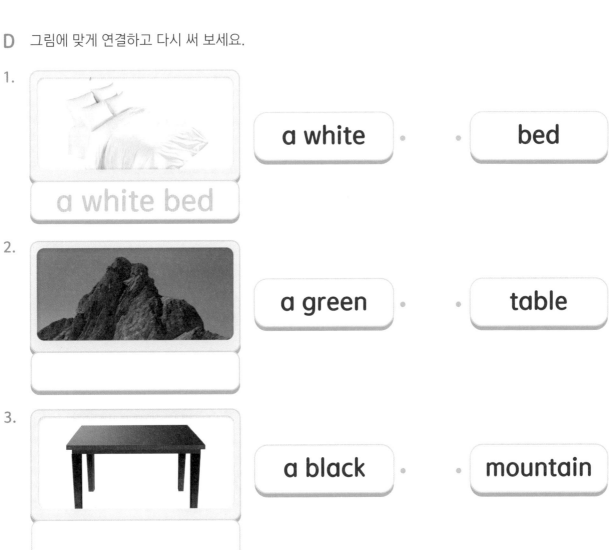
a white bed

a white · · bed

2.

a green · · table

3.

a black · · mountain

27 과일을 나타내는 말

apple 사과

a red apple 빨간 사과

⭐ 색 / 크기 + 과일: 과일 이름 앞에 색이나 크기를 나타내는 단어를 붙이면 과일의 특징을 설명할 수 있어요.

lemon 레몬

빠진 글자를 써 봐요.

a yellow* l___n
노란 레몬

watermelon 수박

a big w_____elon
큰 수박

orange 오렌지

a small o____e
작은 오렌지

banana 바나나

a long b____a
긴 바나나

*yellow: 노란, 노란색

A 그림을 보고 알맞은 단어에 O표를 해 보세요.

1. orange   apple   lemon

2. apple   watermelon   lemon

3. orange   green   banana

B 그림을 보고 알맞은 단어를 골라 보세요.

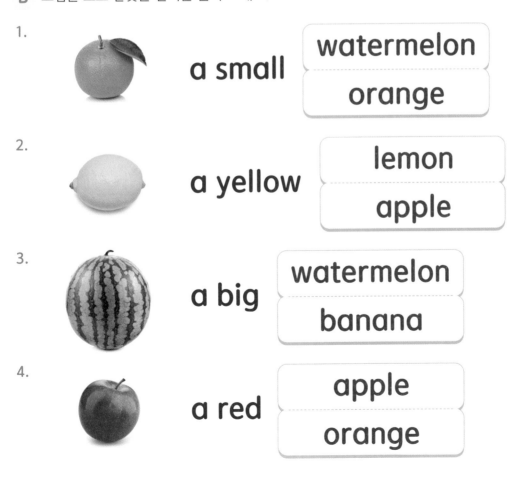

1. a small | watermelon / orange

2. a yellow | lemon / apple

3. a big | watermelon / banana

4. a red | apple / orange

C 단어를 읽고 알맞은 우리말 뜻을 보기 에서 찾아 써 보세요.

보기   ✦오렌지   ✦빨간 사과   ✦바나나   ✦수박   ✦긴 바나나   ✦큰 수박

1.
| apple | 사과 |
| a red apple | |

2.
| orange | |
| a small orange | 작은 오렌지 |

3.
| banana | |
| a long banana | |

4.
| watermelon | |
| a big watermelon | |

D 그림에 맞게 연결하고 다시 써 보세요.

1.

a small orange

a small · · apple

2.

a red · · orange

3.

a yellow · · lemon

88

28 옷을 나타내는 말

dress 원피스

a white dress   흰 원피스

⭐ 색 / 크기 + 옷: 옷 이름 앞에 색이나 크기를 나타내는 단어를 붙이면 옷의 특징을 설명할 수 있어요.

shirt 셔츠

빠진 글자를 써 봐요.

a black s_____
검은 셔츠

skirt 치마

a short s_____
짧은 치마

jacket 재킷

a new j____t
새 재킷

pants 바지

blue p_____ *
파란 바지

*두 다리가 들어가는 부분이 짝을 이루어야 pants의 기능을 제대로 하므로 a pant가 아니라 pants로 써요.

89

A 그림을 보고 알맞은 단어에 O표를 해 보세요.

1.
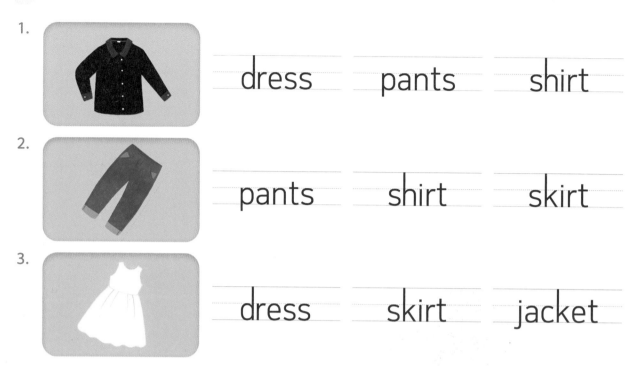
dress   pants   shirt

2.
pants   shirt   skirt

3.
dress   skirt   jacket

B 그림을 보고 알맞은 단어를 골라 완성해 보세요.

1.
a white   dress
           shirt

2.
blue   pants
        jackets

3.
a new   skirt
         jacket

4.
a short   skirt
           shirt

C   단어를 읽고 알맞은 우리말 뜻을 보기 에서 찾아 써 보세요.

보기 ✦ 재킷   ✦ 셔츠   ✦ 흰 원피스   ✦ 새 재킷   ✦ 짧은 치마   ✦ 원피스

1.
| skirt | 치마 |
| a short skirt | |

2.
| shirt | |
| a black shirt | 검은 셔츠 |

3.
| jacket | |
| a new jacket | |

4.
| dress | |
| a white dress | |

D   그림에 맞게 연결하고 다시 써 보세요.

1.

a black   •   • pants

2.

blue   •   • skirt

3.

a short   •   • shirt

29 색깔, 과일, 옷 복습 Unit 26~28

A 그림에 알맞은 말을 보기 에서 골라 두 번씩 써 보세요.

보기
red

white

black

1.

2.

3.

보기
green

blue

apple

4.

5.

6.

보기
watermelon

orange

lemon

7.

8.

9.

그림을 보고 알맞은 단어에 O표를 해 보세요.

1.

dress

pants

2.
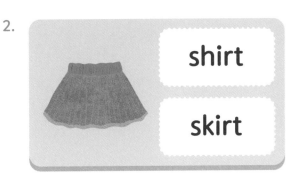

shirt

skirt

3.

skirt

pants

4.
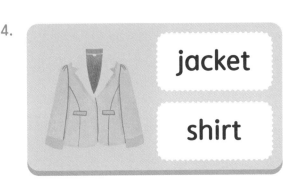

jacket

shirt

C 다음 영어를 읽고 알맞은 그림에 O표를 해 보세요.

1. **a black shirt**

2. **a red sofa**

3. **a yellow lemon**

4. **a blue sea**

D 주어진 단어들을 바르게 배열해 보세요.

1.
| a | apple | red |

➡ _____ 빨간 사과

2.
| big | a | watermelon |

➡ _____ 큰 수박

3.
| small | orange | a |

➡ _____ 작은 오렌지

E 우리말에 맞게 알맞은 단어를 보기 에서 찾아 써 보세요.

보기   ✦dress   ✦pants   ✦jacket

1. blue _____ 파란 바지

2. a new _____ 새 재킷

3. a white _____ 흰 원피스

초등학생을 위한 바쁜 바른 영단어

영단어 Starter ①

정답

ANSWERS

 **01** 9~10쪽

A 1. nose 2. face
3. mouth 4. head

B 1. 얼굴 2. 코 3. 입 4. 목

C

D 1. a mouth 2. a head
3. a nose 4. a neck

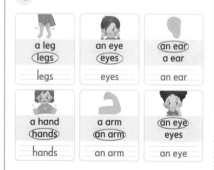 **02** 12~13쪽

A 1. ear 2. leg
3. arm 4. hand

B 1. ears 2. a hand
3. legs 4. an eye

C

a leg / legs	an eye / eyes	an ear / a ear
legs	eyes	an ear
a hand / hands	a arm / an arm	an eye / eyes
hands	an arm	an eye

D 1. 두 다리
2. (하나의) 팔
3. (하나의) 손 / 두 손
4. (하나의) 귀 / 두 귀

 **03** 15~16쪽

A 1. foot 2. finger
3. knee 4. toe

B 1. feet 2. a finger
3. knees 4. a toe

C 1. 치아들
2. (하나의) 무릎/ 두 무릎
3. 손가락들
4. (하나의) 발가락

D 1. knees 2. fingers
3. teeth 4. toes

 **04** 18~19쪽

A 1. hear 2. smell
3. touch 4. taste

B

C 1. touch 2. smell
3. hear 4. taste

D

I see / smell	I smell / hear	touch / hear
I smell.	I hear.	I touch.

touch / taste	I see / hear
I taste.	I see.

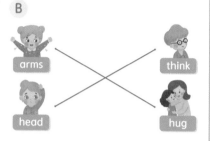 **05** 21~22쪽

A 1. write 2. think
3. hug 4. run

B

arms —— hug
head —— think

C 1. run 2. think
3. jump 4. hug

D 1. think 2. write
3. can, hug 4. can, run

06 23~25쪽

A (두 번씩 써야 정답으로 인정)
1. a nose 2. hands
3. eyes 4. teeth
5. ears 6. a mouth
7. a head 8. feet
9. a face

B 1. see 2. taste
3. hear 4. smell
5. jump 6. hug
7. run 8. think

C 1. smell 2. hear 3. taste

D 1. I can think.
2. I can write.
3. I can hug.

정답

07 27~28쪽

A 1. sad 2. angry
3. happy 4. hungry

B 1. 화가 난 2. 배부른
3. 배고픈 4. 행복한

C 1. full 2. sad
3. hungry 4. happy

D 1. angry 2. sad
3. am, hungry
4. I, am, full

08 30~31쪽

A 1. sleepy 2. shy
3. bad 4. great

B 1. 부끄러워하는
2. 정말 좋은 3. 나쁜
4. 목마른

C 1. great 2. sleepy
3. thirsty 4. shy

D 1. thirsty 2. sleepy
3. feel, great
4. I, feel, bad

09 33~34쪽

A 1. father 2. mother
3. sister 4. family

B 1. She 2. He
3. She 4. He

C 1. mother 2. family
3. brother 4. father

D 1. She, mother
2. He, father
3. She, sister
4. He, brother

10 36~37쪽

A 1. grandmother
2. baby
3. grandfather
4. uncle

B 1. She, grandmother
2. He, grandfather
3. She, aunt

C 1. aunt
2. grandfather
3. uncle 4. baby

D 1. grandfather
2. grandmother
3. is, my, uncle
4. She, is, my, aunt

11 38~40쪽

A (두 번씩 써야 정답으로 인정)
1. sad 2. happy
3. angry 4. full
5. great 6. hungry
7. thirsty 8. shy
9. sleepy

B 1. mother
2. grandfather
3. grandmother
4. aunt
5. brother
6. sister
7. uncle
8. father

C 1. I feel great.
2. I feel shy.
3. I am hungry.

D 1. sister 2. brother
3. mother

12 42~43쪽

A 1. house
2. living room
3. kitchen 4. bedroom

B 1. 부엌 2. 침실
3. 욕실 4. 거실

C 1. living room
2. bedroom
3. bathroom 4. house

D 1. living room
2. kitchen
3. is, a, bedroom
4. Here, is, a, bathroom

97

13 45~46쪽

A 1. sofa　　2. desk
　　3. table　　4. lamp

B 1. 소파　　2. 침대
　　3. 책상　　4. 램프

C 1. table　　2. lamp
　　3. bed　　4. sofa

D 1. lamp　　2. bed
　　3. is, a, table
　　4. It, is, a, desk

14 48~49쪽

A 1. dish　　2. chair
　　3. window　　4. door

B 1. 창문　　2. 의자
　　3. 냉장고　　4. 문

C 1. chair　　2. fridge
　　3. door　　4. window

D 1. windows　　2. doors
　　3. are, dishes
　　4. They, are, chairs

15 50~52쪽

A (두 번씩 써야 정답으로 인정)
　　1. kitchen　　2. bathroom
　　3. bedroom　　4. lamp
　　5. bed　　6. living room
　　7. table　　8. sofa
　　9. desk

B 1. chair　　2. dish
　　3. door　　4. fridge
　　5. house　　6. window
　　7. desk　　8. bedroom

C 1. kitchen　　2. bathroom
　　3. living room

D 1. It is a sofa.
　　2. They are chairs.
　　3. It is a bed.

16 54~55쪽

A 1. cloud　　2. rain
　　3. snow　　4. sun

B 1. 바람　　2. 구름
　　3. 눈　　4. 비

C 1. wind　　2. cloud
　　3. rain　　4. sun

D 1. cloud　　2. rain
　　3. snow
　　4. I, see, wind

17 57~58쪽

A 1. sunny　　2. snowy
　　3. windy　　4. rainy

B 1. 바람이 부는　　2. 흐린
　　3. 눈이 오는　　4. 비가 오는

C 1. snowy　　2. cloudy
　　3. windy　　4. sunny

D 1. sunny　　2. rainy
　　3. is, windy
　　4. It, is, cloudy

18 60~61쪽

A 1. hot　　2. dry
　　3. cold　　4. warm

B 1. 건조한　　2. 따뜻한
　　3. 추운　　4. 선선한

C 1. warm　　2. cold
　　3. hot　　4. cool

D 1. warm　　2. cold
　　3. is, cool　　4. It, is, hot

19 63~64쪽

A 1. summer　　2. fall
　　3. season

B 1. Spring, warm
　　2. Fall, cool
　　3. Winter, cold

C 1. fall　　2. summer
　　3. winter　　4. spring

D 1. Spring　　2. Summer
　　3. Fall, cool
　　4. Winter, is, cold

20 65~67쪽

A (두 번씩 써야 정답으로 인정)

1. sun 2. cloud
3. rain 4. snow
5. summer 6. wind
7. spring 8. fall
9. winter

B 1. warm 2. cold
3. hot 4. cool
5. sunny 6. snowy
7. windy 8. cloudy

C 1. Spring is warm.
2. Winter is cold.
3. Summer is hot.

D 1. rainy 2. windy
3. snowy

21 69~70쪽

A 1. lake 2. mountain
3. sea

B 1. river 2. 호수
3. 산 4. hill

C 1. hill 2. sea
3. mountain 4. river

D 1. lake 2. hill
3. A, mountain
4. A, river

22 72~73쪽

A 1. large 2. long
3. low 4. high

B 1. 넓은 호수 2. 긴, 긴 강
3. 높은 산
4. 낮은, 낮은 언덕

C 1. salty 2. long
3. high 4. low

D 1. long 2. salty
3. high 4. low

23 75~76쪽

A

big small big
dark light dark
strong weak weak
tall short tall
hard soft soft
big small small
hard soft hard
strong weak strong
dark light light

B 1. big 2. small
3. strong 4. weak
5. soft 6. hard

C 1. 약한
2. 어두운, 밝은
3. 작은
4. 단단한, 부드러운

24 78~79쪽

A
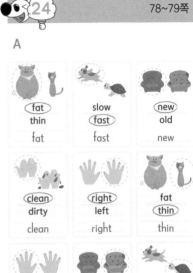

fat thin fat
slow fast fast
new old new
clean dirty clean
right left right
fat thin thin
right left left
new old old
slow fast slow

B 1. slow 2. fast
3. dirty 4. clean
5. left 6. right

C 1. 마른 2. 느린 / 빠른
3. 새로운
4. 오른쪽의 / 왼쪽의

25 80~82쪽

A (두 번씩 써야 정답으로 인정)

1. sea 2. river
3. hill 4. salty
5. lake 6. mountain
7. low 8. high
9. long

정답

B 1. small 2. hard
3. clean 4. old
5. weak 6. fat
7. fast 8. right

C
 a salty sea
 a long river
 a high mountain
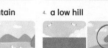 a low hill

D 1. A sea is water.
2. A mountain is land.
3. A hill is land.

26 84~85쪽

A 1. black 2. green
3. red

B 1. red 2. black
3. green 4. blue

C 1. 빨간 소파 2. 흰
3. 검은, 검은 탁자
4. 파란, 파란 바다

D
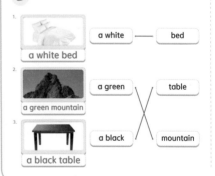

27 87~88쪽

A 1. lemon
2. watermelon
3. banana

B 1. orange 2. lemon
3. watermelon
4. apple

C 1. 빨간 사과 2. 오렌지
3. 바나나, 긴 바나나
4. 수박, 큰 수박

D
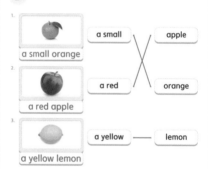

28 90~91쪽

A 1. shirt 2. pants
3. dress

B 1. dress 2. pants
3. jacket 4. skirt

C 1. 짧은 치마 2. 셔츠
3. 재킷, 새 재킷
4. 원피스, 흰 원피스

D

29 92~94쪽

A (두 번씩 써야 정답으로 인정)
1. red 2. black
3. white 4. blue
5. apple 6. green
7. lemon
8. watermelon
9. orange

B 1. dress 2. skirt
3. pants 4. jacket

C

D 1. a red apple
2. a big watermelon
3. a small orange

E 1. pants 2. jacket
3. dress

100